20.2.2014

En uskonut
että löytäisin itseni
jälleen
tästä tilanteesta
En ole kykenevä
antamaan itselleni anteeksi
En ole kykenevä
antamaan aikaa itselleni
En osaa lohduttaa
kuten lohdutan muita
En tunne olevani
tasavertainen
muiden kanssa

22.2.2014

Olet väsynyt
sen näkee sinusta
Sen kuulee puheestasi
Olet eksynyt
uponnut suohon
josta nouseminen
vaatii rohkeutta
ja voimaa

Et kykene
nousemaan yksin
Tarvitset tukijoukot itsellesi
Minä olen aina
seisomassa rinnallasi
En päästä
otettani irtoamaan
En nyt
enkä koskaan
Sinä nouset vielä
olet tehnyt sen ennenkin

31.3.2014

Teet minut iloiseksi
saat minut
hymyilemään
vaikka päivä
olisi harmaa

Tunnen lentäväni
tunnen
olevani erityinen

Ajatuskin sinusta
ja yllätän
itseni jälleen
minä hymyilen

31.3.2014

Olin jo eksyä
olin hukata itseni
kunnes ymmärsin
psyähtyä

Huomasin
olen vapaa
Kahleeni on irroitettu
olen helpottunut

Pystyn jälleen
hengittämään vapautuneemmin
Ei se tehnyt
edes kipeää

Ei minuun sattunutkaan
En uponnut
tällä kertaa
Minun on helpompi jatkaa

Olen kulkenut
miljoonia teitä
Olen viitoittanut väärin
kokenut paljon
Nähnyt paljon
siksi minusta tuli vahva

Autan muita kulkemaan
oman polkunsa
Mutta eniten
keskityn huomaamaan
kuinka olen itse
puhjennut kukkaan

Tunnen lentäväni
sillä olen vihdoin vapaa
omista kahleistani

Juulialle

Olet kestänyt
minua vuosien ajan
Tieni on ollut
karikkoinen
mutta sinä
olet aina ollut valonani
tienviittanani

Olet tukenut minua aina
auttanut
Olet aina ollut
tavoitettavissa
Olit lähellä tai kaukana

Näistä asioista
ja paljosta muusta
tahdon kiittää sinua

Olet minulle ystävä
sanan varsinaisessa merkityksessä
Rakastan sinua

7.4.2014

Jo puolesta lauseesta
pelkästä katseesta jopa
tiedät mitä aion sanoa

Ei asiaa
jota et ymmärtäisi
Olemme niin
samankaltaisia

Kuljemme samaa
aaltopituutta

Luotan sinuun
ja tulkintataitoosi
Tiedän
että vaikken sano sitä
tiedät
että välitän

11.4.2014

En ollut
hukassa itseltäni
Olin vain
eksynyt elämään

17.4.2014

Olen ottanut
ison askeleen
Olen edennyt
paljon vuodessa

Enää en ole
keskeneräinen
Enää en
peittele itseäni
En yritä
salata olemassaoloani

Olen muuttunut
ehjäksi kokonaisuudeksi
Avasin silmäni menneelle
Nöyrryin kokemuksilleni

Nyt voin olla
ylpeä itsestäni
Löysin perille

5.5.2014

Kuinka pitää kiinni
onnestaan
Kuinka olla
jälleen menettämättä
kaikkea

Olen hyvä
pitämään asioita, ihmisiä
itsestäänselvyytenä

En tahdo
toistaa virheitäni
En tällä kertaa

8.5.2014

Vihdoinkin
olen löytänyt paikan
jossa viihdyn
jossa mieleni
saa levätä

Kerrankin
on paikka
joka ei ole kotona
mutta jossa tunnen
oloni kotoisaksi

Täällä
minun on hyvä olla

9.5.2014

Olen nähnyt
aggressiivista rakkautta
Olen nähnyt
alistavaa rakkautta
Olen nähnyt
palavaa, intohimoista rakkautta
Olen nähnyt
petollista rakkautta
Mutta mikään
ei voita
tasavertaista rakkautta
jota koen kanssasi

Katille 9.5.2014

Muistatko
kun tavattiin
kuinka löysimme heti
yhteisen sävelen
Muistatko kun yhdessä
syntymäpäivänäni itkettiin
halasimme ja ikuista ystävyyttä vannoimme
Muistatko
kun minun oli paha olla
kuinka lohdutit silloin minua
Muistatko kun huomasimme
yhteisen harrastuksemme
kuinka vihkojamme vaihdoimme
Muistatko kun sanoin
sinua rakastan
enkä koskaan katoa
Tiedätkö, olet rakas minulle
vaikkemme niin usein tapaisikaan
Et katoa sydämestäni
koskaan

10.6.2014

En saanut sanottua
en löytänyt oikeita sanoja
kuvaamaan
Kun avasin suuni
punainen lanka katosi
Aina kun katsoin sinua
tiesin mitä minun
piti kertoa
en vain saanut sanotuksi

Olet elämäni rakkaus
Olet kaikkea sitä
mitä nainen voi toivoa
Ja minä olin se onnekas
joka sinut sai
Kiitos siitä

15.8.2014

Olin ollut eksynyt
olin miljoonat kerrat sanonut
etten jaksaisi enää
Kuitenkin
nostin aina pääni pystyyn
näytin kiusaajilleni
ettei minua noin vain kaadeta

Nyt elän onnellista elämää
Minulla on kaikki
mitä tarvitsen
Kaikki
mistä uskalsin ikinä haaveilla
Ja voin hymyillä taas

Veljille 15.8.2014

Ei koskaan
ketään kaltaistasi
Ei ketään
yhtä tärkeää
Mitä vain tekisin
teen aina vuoksesi
parastasi ajatellen
Ei ketään maailmassa
joka ohittaisi sinut
Ei ketään
joka saisi
selkäni kääntämään
Pidän aina puoliasi
vaikka olisit väärässä
Kannustan
vaikka se ei olisi hyväksesi
Kunhan
sinä vain
olet onnellinen

Tavattuani sinut
elämäni muuttui
ja kääntyi päälaelleen
Sait minut näkemään
kaiken hyvän itsessäni
En uskonut
että kohdalleni
sattuisi tuollainen aarre
Olet tehnyt elämästäni positiivisemman
ja olet opettanut minut
rakastamaan paremmin
niin itseäni kuin sinuakin

1.9.2014

Otin uuden riskin
astuin uudelle polulle
mutta minut tyrmättiin

Menen jälleen pieniin palasiin
niihin samoihin sirpaleisiin
missä olen jo ollut
Minua ei hyväksytä joukkoon

Minä taannun

Emme aina ymmärrä
toistemme haavoja, arpia
Emme ymmärrä
mikä on kenenkin
akilleen kantapää

Silti sorramme
toisiamme

Tietämättömät
polkevat takaisin pohjalle
Pohjalla olevat katkeroituvat
Ja oravanpyörä on valmis

Annoit minulle
mahdollisuuden muuttua
Annoit mahdollisuuden
uuteen elämään
Tartuin tilaisuuteen
kaksin käsin
ja aloin hiljalleen
rakastaa itseäni

En uskonut koskaan
että pääsisin näin pitkälle
Olen saavuttanut paljon
Olen tukeutunut ihmisiin
ja löytänyt sen avulla polkuni

En tahdo samaistua
vaan kulkea oman tieni
oman polkuni

Minä itse koristelen sen tien
jota kuljen

Minä itse
teen tarvittavat valinnat

Olen itse
vastuussa itsestäni
ja valinnoistani

Tunsitko tuskan
kuulitko huudot

Näitkö kärsimyksen
minkä koin

Huusin sinua
kutsuin apuun

Tunsin
suunnatonta kipua

Ja kaikki tämä
menetetyn lapsuuden vuoksi

Olen erilainen, mutta ylpeä

Olen ujo, mutta myös rohkea

Olen seikkailunhaluinen

mutta tiedän rajat

Olen rakastava

mutta joskus

osaan myös suuttua

Olen turvallinen ihminen

olen siis muuttunut

Minusta puhutaan paljon

mutta he eivät tiedä

kivuliasta totuutta

Eivät tunne elämäntarinaani

Ovat vain kuulleet

väritettyjä tarinoita

siitä millainen ehkä olin

Olin.

7.9.2014

Tiedän
ettet tullut elämääni sattumalta
Tiedän
että sinut on tarkoitettu minulle
Tiedän
että suhteemme on siunattu
Pappa,
jota rakastin enemmän
kuin mitään muuta maailmassa
lähetti sinut elämääni
Pappa,
joka tietää mikä on parhaakseni
Rakastan sinua
Rakastan olla kanssasi
Vaikka riitelemme välillä
tiedän, ettei suhteemme kaadu siihen
Olet kallein aarteeni
jota varjelen
Kuolemakaan ei pysty meitä erottamaan
Tulen aina rakastamaan sinua

11.9.2014

Tiesin aina
että tulisin voittamaan taisteluni
Tiesin
että tulen pärjäämään jotenkuten

Olen selvinnyt tänne saakka
eikä mikään tai kukaan
saa minau enää kaatumaan

Järjestän viimeisetkin palaset paikoilleen
palapelistä
jota olen tehnyt jo vuosia

Viimeinen pala
on vielä asettelematta

Annoin menneisyyteni
virran vietäväksi
Virta kuljetti sitä
kauemmas minusta

Totuus on se,
että myin sen
Menneisyyteni nimittäin

En halunnut pitää sitä enää
en halunnut säilöä

Luovuin siitä,
jotta voin jatkaa eteenpäin

Nyt voin jo päästää irti
Minulla on lupa unohtaa

Oli lohduttavaa huomata
etten olekaan yksin erilainen
Että meitä on muitakin
Vertaistuki on korvaamatonta

Hyväksyn itseni
sellaisena kuin olen
Tiedostan virheeni
Tiedostan vajavaisuuteni
Mutta olen hyvä
sellaisena kuin olen

Olette ilkeitä

Puhutte pahaa

vaikkette tunne

Onko teillä todella

todella

omat asiat niin hyvin

että teillä on varaa käytökseenne

En pidä tyylistänne

Enkä aio samaistua

Olette kiusaajia

Olen väsynyt
koska aistin
huonoa energiaa

Olen stressaantunut
tästä kaikesta

En halua tuntea
en tietää

En halua aistia
Mutta tällainen minä olen

Ja hyväksyn sen

8.10.2014

Olen vahvempi kuin te
En kaatunut
horjuin vain hiukan

Veditte maton jalkojeni alta
revitte minut palasiin

Mutta minä kokosin
oman palapelini uudelleen

Nyt olen vahvempi kuin koskaan
Olette osa voimavarojani

Tiedän,
että seuraava lauseeni ärsyttää
jotakuta teistä
omalla tavallaan,
mutta
minä annan teille anteeksi

16.10.2014

Sinä jos joku
vaikutit elämääni
Sait minut
tuntemaan
itseni mitättömäksi
Niin pieneksi
että kuka vain
voisi kävellä ylitseni

Sinun takiasi
kesti kauan
ennenkuin tajusin:
Minua kuuluu
arvostaa, kunnioittaa

Minua ei poljeta pohjalle
enää
Kiitos sinulle
kun hyväksyit
elämäni helvetin

16.10.2014

Ei mitään niin kaunista
etteikö jotain rumaakin
ole sinun sisälläsi

Kallelle 11.11.2014

Yritin kuvitella elämää ilman sinua
yritin kuvitella
millaista olisi ilman rakkauttasi
Minusta tuntui tyhjältä
Sisälläni kävi tuuli
Minua paleli
Tuli ikirouta
Aina
kun muut luovuttivat
sinä seisoit rinnallani
Sinä rakastit
Suutuit hetkellisesti
mutta annoit aina anteeksi
yritit ymmärtää minua
En olisi pärjännyt ilman sinua
Olet aina ollut
kantava voima elämässäni
Siksi, ja monesta muusta syystä
rakastan sinua veli,
nyt ja aina

24.11.2014

Älä koskaan
lakkaa hymyilemästä
Älä käännä
katsettasi alaspäin

Unemloi aina huomisesta
jätä eilinen
taaksepäin
Parempi päivä
koittaa aina
oli tilanne
mikä tahansa

Jannelle 2.12.2014

Ei toista kaltaistasi
kannattele tämä maa
Ei sinun veroistasi
ole olemassakaan
Niin minä sinua rakastan
ettei sanat riitä kertomaan

Rambo-koiralle 6.1.2015

Rukoilin puolestasi
Rukoilin niin
että se sattui
Luotin,
luotin liikaa
Olisi pitänyt
tehdä enemmän
Olit taistelija
aina
Tämä taistelu
sinun kuului hävitä

Sinille 6.1.2015

Haluaisin lohduttaa
sanoa jotain järkevää
taikasanat,
jotka veisivät tuskan pois
Haluaisin auttaa
käsittelemään surua
mutta olen neuvoton

Tiedän,
miltä sinusta tuntuu
En vain tiedä
mitä toivoisin itselleni sanottavan
tuossa tilanteessa

Kaikki tuntuu niin turhalta
Jopa rukous

Syleilen rukousnauhaa
sanomatta sanaakaan

Tiedät
mitä haluaisin tehdä

14.1.2015

Tavoittelen taivasta
mutta vain pienin askelin
Jokainen askel on tärkeä
ja arvokas
Nautin niistä jokaisesta

Välillä otan takapakkia
asiat eivät aina suju
kuten olin suunnitellut
Mutta en lakkaa ponnistelemasta
vaan jatkan matkaani
ja korjaan virheeni

23.1.2015

Silloin kun tuntuu vaikealta
täytä itsesi rakkaudella
Rakkaudella itseäsi kohtaan
Hyväksy itsesi sellaisenaan
Se auttaa sinua jaksamaan
Armahda itsesi

11.2.2015

Muistan
kun kaikki oli hyvin
Kun elämä vain hymyili
niin kovin leveästi
Uskoin huomiseen
en huolehtinut enää
menneistä asioista

Katsoin tulevaisuuteen
Nyt se on viety minulta pois

En näe tulevaisuutta
en valoa

Kaikki romahti alas kerralla
Joku tuli
ja vei pohjan kaikelta
Pirullista

12.2.2015

Kasvatin itselleni kuoren
en kasvanut enää ulospäin
Kyyneleet jäivät sisälleni
en osannut kertoa tunteistani
Jäin yksin tunteineni
en päästänyt ketään lähelle
Suljin kaikki ulkopuolelle itsestäni
muurin toiselle puolelle
Nyt olen yksin yksinäinen
enkä tiedä ketä päin katsoa

14.2.2015

Hän luuli voivansa
polkea minut pohjaan
Että minä vain alistuisin kohtalooni
Alistuinkin, hetkeksi
Siksi se pääsi tapahtumaan
raiskaus
Mutta nyt
minä päätin seisoa omilla jaloillani
Aion tiastella tämänkin asian lävitse
Minulla on tukijoukot
en ole yksin
Uskokaa jo
ette saa minua kaatumaan enää
Kestän kovimmatkin iskut
ja selviän niistä aina eteenpäin
Olenhan vahva,
olen voittaja,
selviytyjä

17.2.2015

Olin taistellut
monta taistelua
Olin niin väsynyt
että nukahdin
kesken lauseen

En olisi halunnut
enää lisää painolastia
Mutta ainakin
huomaan jälleen
ketkä ovat oikeasti ystäviä
ketkä pitää pitää lähellä

Ja te tiedätte
ketä tarkoitan
Tiedätte olevanne
tärkeitä minulle

1.4.2015

Olen kyllästynyt kantamaan huolianne
Olen kyllästynyt palvelemaan teitä
Haluan oman elämäni takaisin
sellaisena kuin se joskus oli
Haluan pitää oman pääni
etsiä takaisin omalle tielleni
ilman että potkitte minua jatkuvasti
ilman että itse ruoskin itseäni
Ei ole yksinkertaista tapaa
Ei oikeaa tai väärää
Jos vain lakkaan vastaamasta myöntävästi
Jos vain opettelen sen sanan
"ei"

12.5.2015

En osannut kertoa
en saanut sanotuksi
mikä mieltäni painaa
Ja nyt
olemme ajautuneet umpikujaan

13.5.2015

Lähdin jälleen
kulkemaan omia polkujani
omia teitäni
Mihin se yleensä
on minut johtanut
on toinen tarina

14.5.2015

Tiedän
että elämäni alkaa
jälleen alusta
Saan aloittaa
puhtaalta pöydältä
Aloitan kaiken uudelleen
Se on raskasta
tai tuntuu siltä
Mutta tämä
on kerrankin
omaksi parhaakseni

27.5.2015

Löysin jälleen
jotain uutta elämääni
Kaipasin seuraa
läheisyyttä
Ja sitä sain
Tunnen jälleen
olevani elossa
Tuntuu
että elämäni
järjestyy jälleen

28.6.2015

Olen kokenut tämän
yhden miljoona kertaa
Enkä koskaan opi
Ehkä en halua oppia
Aivoissani on nyt
liikaa ajatuksia
liian monta
ihmistä sydämessä
Ehkä minä nyt opin
Ehkä

13.7.2015

Näen
kuinka te
karttelette toisianne
Haluaisitte tutustua
mutta ette löydä
tietä toistenne luo

13.7.2015

Aivan tyhjästä
keksin jälleen sanoja
Keksin mitä kirjoittaa
Ei aihetta
Ei mitään uutta
Mutta silti
kaikki on hyvin

Koin elämyksen

jota en tule koskaan unohtamaan

Tapasin hänet

kenet olen aina halunnut tavata

Hän puhui minulle

Hän kuunteli minua

Hän kertoi mitä tehdä seuraavaksi sanoillani

Otan opikseni

kuuntelen

Otan kritiikin vastaan

ja aloitan alusta

© 2015 Mia Jurmu
Kustantaja: BoD – Books on Demand, Helsinki, Suomi
Valmistaja: BoD – Books on Demand, Norderstedt, Saksa
ISBN: 978-952-318-585-2